AF345213

1898. Mars - 31

Vente du Jeudi 31 Mars 1898
HOTEL DROUOT, SALLE N° 9

Collection LÉPINE

IMPORTANTE RÉUNION

DE

60.000 Affiches

RELATIVES A L'HISTOIRE DE

PARIS et des PROVINCES

depuis Henri IV jusqu'à nos jours.

JOURNAUX ET CARICATURES

de 1848-51 et 1870-71.

BROCHURES EN LOTS

AFFICHES ILLUSTRÉES

M° **J. RAVET,** Commissaire-Priseur, 6, rue Baudin

ASSISTÉ DE

M. **Louis BIHN,** Marchand d'estampes, en face la Bibliothèque Nationale,
69, rue Richelieu et 1, rue Rameau

et de M. **Aug. GEOFFROY.**

EXPOSITION PUBLIQUE

Le Mercredi 30 Mars 1898, de 2 à 5 heures.

D 5412

Louis BIHN

69, rue Richelieu et 1, rue Rameau

A PARIS

SE CHARGE

DE

VENTES PUBLIQUES

d'Estampes, Livres, Dessins, etc.

Collection de feu **M. LÉPINE**, architecte de l'Assistance publique.

CATALOGUE

D'UNE

Importante et curieuse Réunion

D'ENVIRON

60,000 AFFICHES

RELATIVES A L'HISTOIRE DE

PARIS et des PROVINCES

depuis Henri IV jusqu'à nos jours.

Décrets. Edits. Proclamations. Ordres Déclarations. Règlements. Annonces. Etc. — Journaux. Revues. Pamphlets. Canards. Placards. Chansons. Professions de foi. Brochures. Almanachs. Livres et Journaux illustrés. Caricatures. Images. Complaintes, parus depuis le 24 février **1848** jusqu'au 2 décembre **1851** et pendant le Siège et la Commune (1870-71). — **AFFICHES ILLUSTRÉES** de Willette, Chéret, Choubrac, Guillaume, Hugo d'Alesi, Fraipont, Grasset, Ibels, Jossot, Lautrec, Mucha, Pal, Rœdel, etc., etc.

DONT LA VENTE AUX ENCHÈRES PUBLIQUES

AURA LIEU

Le Jeudi 31 Mars 1898, à 2 heures précises.

HOTEL DES COMMISSAIRES-PRISEURS, RUE DROUOT, N° 9

Salle n° 9

Par le Ministère de M° **J. RAVET**, commissaire-priseur,

6, rue Baudin

Assisté de M. **Louis BIHN**, libraire et marchand d'estampes,

69, rue de Richelieu.

et de M. **Aug. GEOFFROY**

EXPOSITION PUBLIQUE : *Le Mercredi 30 Mars 1898*

de 2 heures à 5 heures

CONDITIONS DE LA VENTE

Elle sera faite au comptant.

Les acquéreurs paieront CINQ POUR CENT en sus des enchères, applicables aux frais de vente.

L'expert se réserve la faculté de rassembler ou de diviser les lots.

M. Arc. GEOFFROY, chargé de la vente, remplira les commissions que voudront bien lui confier les personnes ne pouvant y assister.

L'ordre du Catalogue ne sera pas suivi.

DÉSIGNATION

Monsieur Jean-Baptiste Lépine est né à Lyon en 1822.

La Révolution de 1848 le trouva à Paris, où il continuait, à l'École des Beaux-Arts, ses études d'architecte. C'est à cette époque qu'il commença sa collection, en réunissant journaux et brochures, et même quelques affiches : mais ce n'est réellement qu'en 1870 qu'il se mit à rechercher activement ces dernières. La réunion qu'il en avait formée prenait une importance telle que, dans la publication Le Livre (N° 59, du 10 novembre 1884), M. Gustave Fustier la citait comme une des plus remarquables, tant par le nombre que par l'intérêt.

On verra, dans l'exposé qu'en donne la présente Notice, quel réel mérite eut M. J.-B. Lépine à former une collection aussi nombreuse et variée, nettement documentaire au point de vue de l'histoire, et éclectique pour la partie récente.

Cette belle collection, la plus complète à notre connaissance, comprend :

1 à 4. RÈGNE DE HENRI IV. — Arrest sur le devoir des Curez et prédicateurs, 1589. — Réglemens sur le faict des gardes ordinaires de Lyon, 1594. — Déclaration sur la guerre contre le duc de Savoie ; Lyon, 1600. — Edit sur les Foires de Lyon, 1604. Quatre pièces. *Rares.* Bonne conservation.

5 à 7. RÈGNE DE LOUIS XIII. — Jugement des Commissaires pour la Levée du Droit de Franc-Fief, par lequel les habitans de Saint-Quentin ont été déchargés, 1614. — Edict du Roy pour la revente de son Domaine, 1619. — Ordonnance des Prévost des Marchands et Eschevins de Lyon, 1626. Trois pièces. *Rares.*

8. — *Nouveau Tarif* des espèces d'or et d'argent, tant pesantes que légères, très nécessaires à toutes sortes de personnes, 1641. *Rare et curieux* placard, illustré de figures montrant les pièces ayant seules cours.

9. — RÈGNE DE LOUIS XIV. — L'Eclipse notable du Soleil de l'année présente MDCLIX qui se fera le quatorzième novembre après midy. Paris, 1659. Illustrée. *Rare.*

10 et 11. — *Ordonnance* pour faire arrester le Cardinal de Retz en quelque lieu qu'il se présente. Compiègne, 1656. —

Ordonnance contre le Cardinal de Retz et ceux qui tiennent correspondance avec luy. Vincennes, 1661. Deux curieuses et intéressantes pièces.

12 à 20. — *Pardons et Indulgences* donnez par le Pape Alexandre VII à la Confrairie de Ste-Geneviève, 1663. — Condamnation de deux livres Jansénistes, 1664. — Monitoire de l'Official de Chartres, 1713. — Nomination comme grand vicaire à Metz de Jacques-Bénigne Bossuet, 1668. Etc. Neuf pièces.

21 à 32. — *Condamnations* de Margot l'Effrontée à être battue et fustigée de verges en place des Halles ; de David Le Brun, dit Sans Soucy, à être battu ayant la corde au col, puis flestry d'un fer chaud sur l'espaule dextre, marqué d'une feuille de lys. — Défenses de porter l'épée. — Défenses aux Porteurs d'eau et Lavandières de puiser de l'eau dans la rivière, à peine de fouet, entre la place Maubert et le Pont-Neuf. — Interdiction de crosser. — Ordonnance pour empêcher qu'on ne bâtisse des maisons dans l'étendue des fortifications. Etc. Tous placards fort curieux. Douze pièces.

33 à 40. — *Provinces de France :* Picardie, 6 pièces. — Provence et Languedoc, 7 pièces. — Lorraine et Champagne, 18 pièces. — Lyonnais, 9 pièces. — Dauphiné, 6 pièces. — Bretagne, 6 pièces. — Bourgogne, 8 pièces, etc.

41 à 55. RÈGNE DE LOUIS XV. — Reims, Troyes, Châlons, 45 pièces. — Champagne, 75 pièces. — Languedoc et Dauphiné, 8 pièces. — Guyenne, 18 pièces. — Franche-Comté, 35 pièces. — Flandre, 11 pièces. — Bretagne, 8 pièces. — Lorraine, Alsace, Gouvernement de Metz et Verdun, 15 pièces. — Normandie, 12 pièces. — Picardie, 17 pièces. — Saint-Quentin, 50 pièces. — Poitou, Aunis, et Angoumois, 5 pièces. Etc.

56 et 57. — *Finances.* Diminution sur les espèces de billon. — Arrêt concernant les espèces d'or. — Réformation des anciennes espèces. — Arrêt concernant les actions et rentes sur la Compagnie des Indes. — Arrest concernant les Billets de Banque. Etc. Quatre-vingt-dix pièces.

58 et 59. — *Noblesse et Clergé.* Arrêt contre l'évêque de Montpellier. — Sentence de la Prévôté du Marquisat d'Ecquevilly. — Ordonnance de Mgr le Cte de Clermont. Etc. Vingt-cinq pièces.

60 à 62. — *Métiers*. Bestiaux. — Faux sel et faux tabac. — Forges et Verreries. — Apprêt des cuirs. Etc. Vingt pièces.

63. — *Grains*. Boissons et Liquides divers. Quinze pièces.

64 et 65. — *Ville de Paris*. Ordonnances de Police. — Arrêts, etc. — Relatifs aux Marchés, Foires, Fêtes, Baignades. Vingt pièces.

66. — *Pays Bas* sous la domination de l'Autriche. — Avis. — Décrets. — Par ordre de Marie-Thérèse. Cent pièces.

67. — *Affiches* relatives aux Droits d'entrée, péages, réquisitions, etc., dans les Pays-Bas sous la domination espagnole. Quarante-cinq pièces.

68 à 75. RÈGNE DE LOUIS XVI ET RÉVOLUTION. Divers Arrêtés, Lois, Lettres patentes, etc. : Réparation des pavés de Paris. — Ordre d'illuminer. — La Patrie est en danger. — Dettes des ci-devant Pays-d'Etats. — Décrets. Contributions foncières. — Municipalité de Paris. — Placards. - L'Ami des Citoyens. — Le Chant du Coq. — Invitation pour la Fête de la Confédération. Etc. Soixante-cinq pièces.

76 à 78. — *Placards* : Unité et Indivisibilité de la République. Liberté, Egalité, Fraternité ou la Mort. In-folio, *coloriés*. — Placard illustré de l'époque de la Restauration) relatif à Louis XVII. Trois pièces. *Rares*.

79 à 81. — *Métiers*. Chapellerie. — Grains. - Chevaux. — Huîtres. — Boulangers. — Perruquiers. — Meuniers. — Salines. — Mousselines. Etc. Vingt-cinq pièces.

82. — *Théâtres*. Construction du Grand-Théâtre de Lyon. — Police des Spectacles. — Affiches de l'Odéon. Etc. Cinq pièces.

83. — *Ventes publiques*. Charges. — Meubles. — Effets. — Immeubles. Etc. Douze pièces.

84. — *Loteries, Jeux*. Tontine. — Enfants trouvés. — Communautés religieuses. — Loterie de piété. Sept pièces.

85. — *Voitures*. Règlements. — Exemption de réquisition. — Défenses de stationner. — Condamnation. Etc. Cinq pièces.

86 et 87. — *Émigrés*. Confiscations. - Ventes. - Décrets. Trente-deux pièces.

88 à 90. — *Assignats*. Impression. — Cours. - Faux. — Remboursement. Etc. Quarante pièces.

91 à 93. — *Militaires*. Crédits. — Décrets — Pensions. — Recrutement. — Logements. — Uniformes et Armes. Etc. Quatre-vingt-cinq pièces.

94. — *Clergé*. Traitement. — Biens saisis. Etc. Seize pièces.

95. — *Marine*. Ministère. - Solde. - Enrôlements. — Chargements. — Ordonnances. Trente pièces.

96. - *Paupérisme*. Hôpitaux. — Mendiants. — Secours. — Enfants. — Invalides. — Veuves. — Distributions de soupes. — Décrets. Vingt-six pièces.

97 et 98. — *Postes*. Employés. - Directeurs. — Affranchissements. — Avis au public. — Postes-relais. - Poste aux chevaux. — Messageries. Vingt-cinq pièces.

99. — **Bulletin de l'Assemblée Nationale.** Du 9 au 21 septembre 1792. In-folio. Dix numéros.

100. — **Bulletin de la Convention.** Du 22 septembre 1792 au 13 pluviôse an III. In-folio. Plus de 2500 numéros.

101. — **Décrets de la Convention Nationale.** De septembre 1792 à septembre 1793. In-fol. Trois cents pièces.

102 à 115. — *Provinces de France* (Lois, Décrets, Délibérations, Ordonnances, Avertissements. Pièces relatives aux anciennes) et aux *Départements* nouvellement formés : Somme, Oise et Aisne, vingt-quatre pièces. — Loiret, Eure-et-Loir, Seine-et-Oise, trente-cinq pièces. — Rhône et Commune-Affranchie (Lyon), cent trente-cinq pièces. — Lyonnais, cinquante-cinq pièces. — Bourgogne et Franche-Comté, vingt-six pièces. — Normandie et Maine, treize pièces. — Guyenne, Languedoc, Provence et Comtat, trente et une pièces. — Berri, vingt-trois pièces. — Bretagne, cent pièces. — Champagne, trente pièces. — Flandre et Artois, seize pièces. — Aunis, Angoumois, Saintonge, neuf pièces. — Nivernais, Bourbonnais, Auvergne, trente pièces. — Alsace et Lorraine, soixante pièces.

116 et 117. PREMIER EMPIRE. - Ordonnances. — Amnistie. — Jugements. — Droits d'entrée. Etc. Quatorze pièces.

118 à 120. — *Militaires*. Bulletin de la Grande-Armée. — Proclamations. — Jugements. Etc. Soixante pièces.

121 à 127. — *Départements* : Centre et Ouest, 40 pièces. — Ile de France et Picardie, 30 pièces. — Bourgogne et Franche-Comté, 18 pièces. — Rhône, 45 pièces. — Midi, 9 pièces.— Bretagne, 33 pièces. — Normandie, 23 pièces.

128 LOUIS XVIII. — Proclamations. — Ordonnances. — Avis. — Adjudications. — Distributions. — Arrêtés. Etc. Vingt-huit pièces.

129 à 131. — *Départements* : Rhône, quatre-vingt-cinq pièces. — Ile de France, Picardie, cinquante-cinq pièces. — Bretagne, quinze pièces. Etc.

132 et 133. CHARLES X. — Réunion de soixante-dix pièces intéressant les départements.

134 et 135. LOUIS-PHILIPPE (1830). — Proclamations. — Lieutenance générale. — Gouvernement provisoire. — Fêtes. — Garde nationale. — Préfecture de la Seine. Cinquante pièces.

136 à 138. — *Préfecture de Police* (Lot de plus cent pièces émanant de la) : Attroupements. — Chiens. — Voitures. — Barrières. — Commissionnaires. — Balayage. — Fleuve. — Eclairage. — Voirie. — Fêtes. — Enterrements. — Fontaines. Revues. — Courses. — Longchamp. — Arrosage. — Marchés. Etc.

139 et 140. — *Départements*. Ordres divers émanant des préfectures. Cinquante pièces.

141 à 144. DU 24 FÉVRIER 1848 AU 2 DÉCEMBRE 1851. — Journaux, revues, pamphlets, canards, affiches, placards, chansons, professions de foi, images. Etc. Plusieurs portefeuilles.

145 à 148. — **Livres et brochures** de la même époque. Plusieurs LOTS.

149 et 150. — **Livres** : Les affiches rouges, par un Girondin. Paris, 1851. — Izambard. La Presse parisienne. Paris, 1853. — Bulletins de la Grande-Armée, 1806. — Concordance des Calendriers. — Monprofit. Murs de Paris en 1873. — Gagnière. Histoire de la presse sous la Commune. — Télégrammes militaires de Gambetta, publiés

par Georges d'Heilly. — Lemonnyer. Les Journaux de Paris pendant la Commune. — Pen-Bron. L'Affiche illustrée (collect. Bourcard), 1889. — Les Murailles dijonnaises pendant la Guerre 1870-71. — Les Murailles beaunoises. — Maillard. Affiches pendant la Commune. — Journaux pendant le Siège et la Commune. — Les Publications de la Rue. In-8, reliés et brochés.

151. — **Livres** : Les Murailles d'Orléans pendant l'occupation prussienne. — Les Murailles d'Alsace-Lorraine. — Les Murailles révolutionnaires de 1848, deux vol — Les Murailles politiques françaises, 1870-71. Album électoral, Assemblée nationale, 1871-76. In-4, reliés.

152 à 162. — **Journaux de 1848 à 1851 :** L'Ami du peuple. — L'Assemblée nationale. — L'Avènement du peuple. — Le Bien-être universel. — La Bonne foi. — Le Caricaturiste (Quillenbois). — La Commune de Paris. — La Concorde. — Le Crédit. — Le Dix Décembre. — Le Drapeau national. — L'Echo de la Marine. — L'Echo de la Presse. — L'Echo du soir. — L'Education républicaine. — L'Esprit du peuple. — L'Esprit national. — L'Evénement. — La Feuille du peuple. — La Feuille du village. — Les Foyers du peuple, par Lamartine. — La France nouvelle. — Le Franc-maçon. — Le Garde national. — Le Henri quatre. — L'Indépendant. — L'Inflexible. — Le Journal. — Le Journal pour rire (1851). — Le Journal du peuple. — Les Journées illustrées. — Le Lampion. — La Liberté. — La Liberté de penser. — La Lumière. — La Marseillaise. — Le Messager. — Le Mois, par Alex. Dumas. — Le Monde. — Le Moniteur catholique. — Le Napoléon. — Le Nouveau Monde, par Louis Blanc. — Les Nouvelles du jour. — L'Opinion publique. — L'Ordre (relié). — L'Organisateur du travail. — Le Pamphlet. — Le Pays. — Le Petit Caporal. — Le Peuple. — Le Peuple constituant. — Le Peuple de 1850. — Le Peuple souverain. — Le Politique. — La Politique nouvelle. — Le Populaire. — La Presse. — La Providence. — La République. — Les Représentants du peuple. — Le Réveil du peuple. — La Revue municipale. — La Révolution de 1848. — La Révolution démocratique et sociale. — La Révolution littéraire. — Le Salut public. — La Solidarité. — Le Spectateur républicain. — Les Tablettes Européennes. — Le Temps. — Le Tocsin des travailleurs. — Le Travail affranchi. — La Tribune nationale. — L'Universel. —

La Voix des femmes. — La Voix du peuple. — La Vraie République. Etc., etc. *Un fort lot. Sera divisé.*

163 à 165. — *Affiches diverses,* illustrées, du second Empire et de la Restauration. Annonces de librairie, etc. Environ cent pièces.

166 à 168. SIÉGE ET COMMUNE (1870-1871). — Journaux, revues, pamphlets, affiches, placards, chansons, canards, professions de foi, images, bons, etc. Plusieurs lots et portefeuilles.

169 à 177. — **Journaux illustrés et Caricatures** de même date. Collections, séries ou numéros de : Actualités. — Affiliation de Badinguet. — L'Agonie de la Commune. — L'Alarme. — L'Album du siège. — Les Amazones de la Seine. — Au jour le jour. — Les Automédons. — Les Aventures de Sabre de bois. — Badingoscope. — La Bêtise humaine. — Les Binettes parisiennes. — Le Bonhomme Franklin. — La Calotte. — La Carmagnole. — Célébrités populaires. — La Charge. — Le Charivari. — Les Châtiments. — La Chronique illustrée. — Chansons et Complaintes. — La Commune. — Communeux — Communardiana — Croquis du jour. — Croquis républicains. — Les Députés en vacances. — L'Escholier. — La Famille à Riquiqui. — Les Fantaisies satiriques. — Les Fils de Cerbère. — Fleurs, fruits et légumes du jour. — Les Folies de la Commune. — La Grande Crucifiée. — Les Grimaces contemporaines. — Guguss ! — Les Hauts Dignitaires de la Commune. — Les Hommes d'église. — Médailles et revers. — Marrons sculptés. — La Ménagerie impériale. — La Mère Duchêne. — Le Musée comique. — Le Musée-homme. — Nos bons Allemands. — Les Nouveaux Impôts. — Paris assiégé. — Paris incendié. — Paris garde national. — Paris joli. — Paris avant et après l'incendie. — Paris bloqué. — Panorama comique. — Paris dans les caves. — Prise de Paris. — Les Prussiens à Paris. — Le Pilori éternel. — Profils et binettes. — La Petite Lune. — Le Père Fouettard. — Polichinelle. — Portraits. — Le Pilori. — Le Pilori-phrénologie. — La République à outrance. — Les Résultats. — Le Rideau. — La Rue, par Jules Vallès. — Les Ruines de Paris. — Satires sur la famille et l'entourage de Napoléon III. — Le Sans-culottes. — Les Signes du zodiaque. — Silhouettes. — Les Soldats de la République. — Souvenirs de la Commune. — Le Tableau de Paris. — Thiers le dompteur. — Types du jour. Etc., etc. *Plusieurs*

milliers de pièces, la plupart coloriées, œuvres d'Alf. Le
Petit, Alph. Lévy, Brutal, Bar, Belloguet, Cham. Chouquet,
Corseaux, Coindre, Deniau, Demare, Dupendan. Daumier,
Draner, Faustin, Flambart, Fréville, Gill, Baylac, Holl,
Hadol, Klenck, Lafosse, Ladrey, Mathis, Moloch, Mont-
bard, Pilotell, Pradelles, Pépin, Roga, Renaux, Rosambeau,
Saïd, Schérer, Touchatout, Taltimon, Vernier et autres.

178 à 184. — *Journaux illustrés divers :* L'Aspic. — L'As-
sommoir. — Le Boulevardier. — L'Auvergnat. — Le
Bonnet de coton. — Le Bouffon. — Le Bouffon politique.
— Le Bossu, par G. Frison. — La Cravache. — La Car-
magnole. — La Cloche. — Le Chat noir (1882). — Les
Contemporains. — Le Carillon. — La Comète. — Le Cri-
cri. — Le Canard. — La Chanson illustrée. — Diogène. —
Frou-frou. — La Démocratie. — L'Esclave ivre. — Le
Sifflet. — Le Hanneton. — La Jeune Garde. — La Halle
aux charges. — La Griffe. — Jacques Bonhomme. — Le
Grelot. — La Fronde. — La Revue comique. — Gulliver.
— Le Géant. — Le Philosophe. — Le Masque. — Le Drô-
latique. — Le Pétard. — La Lune Rousse, d'André Gill.
— Le Don Quichotte, par Gilbert Martin. — La Timbale.
— La Trique. — L'Électeur. — La Veilleuse. — La Mas-
carade. — Le Sans Souci. — Le Petit Journal comique. —
La Surprise. — La Parodie, par Gill. — Paris-Caprice
(1867-70). Etc. Plusieurs lots.

185 et 186. NAPOLÉON III. — Présidence et Empire. —
La Guerre. — Élections de 1851 à 1869, Paris et la Pro-
vince. — Télégrammes. — Discours. — Affiches officielles.
Trois portefeuilles.

187 à 189. — *Gouvernement de la Défense nationale.* Proclamations diverses. Placards. Trois portefeuilles.

190 à 193. — *Commune de Paris.* Collection des plus curieuses, comprenant environ 1.200 placards, affiches, avis, etc.

194 à 197. RÉPUBLIQUE FRANÇAISE (Gouvernement de la).
Préfecture de la Seine. — Ville de Paris. — Conseils des
Prud'hommes. — Chambre et Tribunal de Commerce. —
Fêtes du 14 juillet. — Départements. — Administrations
diverses. — Curiosités. Dix-huit portefeuilles.

198 et 199. — *Exposition universelle de 1889.* Affiches en
langues étrangères du chemin de fer Decauville. Vingt-
cinq pièces. — Placards officiels. Environ 100 pièces.

200 et 201. — *Élections municipales de Paris*. Importante collection, bien classée, des années 1871,1878,1880,1881, 1883,1884,1885,1887,1890,1891,1893,1894 et 1896. Douze portefeuilles.

202 et 203. — *Élections législatives*. Années 1871,1876,1877, 1881,1885,1889,1890,1893 et 1894, également classées. Neuf portefeuilles.

204 à 209. GRAVURES DIVERSES. Affiches romantiques. Lithographies. Adresses. Cartes et Menus. Environ cent pièces, qui seront divisées.

210. — *Thèses* du XVIIIe siècle. Grandes estampes avec texte latin-français, noms des candidats et examinateurs. Vingt pièces.

211 à 214. — *Faire-part* d'inhumation, dont quelques-uns très rares (1744 à 1870). Soixante pièces.

215. — *Affiches chinoises*. Huit pièces.

AFFICHES ILLUSTRÉES

216 à 218. WILLETTE. L'Enfant prodigue. — Cacao Van Houten. — La Revue déshabillée. — Exposition de Charlet. — Exposition internationale au Champ de Mars, 1893. — Pauvre Pierrot. — Courrier Français. — Elysée Montmartre. — Élections législatives, 22 septembre 1889. Etc. Onze pièces.

219 à 226. CHÉRET. Importante réunion d'œuvres du maître. Plus de 350 pièces.

227 à 254. — Environ 6000 AFFICHES ILLUSTRÉES par Aman-Jean. — Anquetin. — Bac. — Balluriau. — Bataille. — Berthon. — Bouisset. — Boutet. — Caran d'Ache. — Cazals. — Choubrac. — Clairin. Faria. — De Feure. — Forain. — Fraipont. — Gangloff. — Gélis-Didot. — Gerbault. — Gil-Baër. — Grasset — Gray. — Grün. — Guillaume. — Guydo. — Heidbrinck. — Hugo d'Alesi. — Ibels. — Japhet. — Jeanniot. — Jossot. —

Lautrec. — Lefebvre. — Le Petit. — Lourdey. — Lucas. — Lunel. - Malteste. Mantelet. — Merwart. — Métivet. — Meunier. — Misti. — Moreau-Nélaton. - Mucha. — Noury. — Ogé. — Pal. - Rabier. - Régamey. — Robida. — Rocher. — Rodel. — Roullet. — Schütz-Robert. — Schwab (Carlos). — Vallet. — Valloton. Etc., etc.

255 à 257 AFFICHES MONSTRES AMÉRICAINES. Buffalo-Bill. Son portrait, 8 feuilles et une bande. — Attaque de la Diligence, 28 fl. - Champion Rifle, 20 fl. - Cody à cheval, 12 fl. — Cavaliers indiens, 12 fl. — Cavalier sautant sur un buffle, 12 fl. — Autre, en 9 fl. — Cavalier indien poursuivi, 9 fl. — Le Gaucho, 9 fl. - Miss Annie, 9 fl. — Western Idea, 9 fl. — Visite à la Reine d'Angleterre, 32 fl. — Grande chasse au bison, 32 fl. — Plunging Bucker, 28 fl. — Cowboys, divers, 59 fl. Total 288 feuilles.

GRANDE IMPRIMERIE DU CENTRE. — HERBIN, MONTLUÇON

www.ingramcontent.com/pod-product-compliance
Lightning Source LLC
LaVergne TN
LVHW050540190726
843502LV00008BB/3188